LA POVDRE

DE SYMPATHIE,

DEFFENDVE CONTRE LES OBIECTIONS DE Mr CATTIER, MEDECIN DV ROY.

Par N. PAPIN, D. M.

A PARIS,

Chez SIMEON PIGET, ruë Saint Iacques, à l'enseigne de la Fontaine, & de la Syrenne.

M. DC. LI.

A MONSIEVR
Mr. CATTIER,
Conseiller & Medecin
ordinaire du Roy.

MONSIEVR,

Ie croy que personne ne trouuera
estrange que n'ayant l'honneur ny d'estre
connu de vous, ny de vous connoistre autrement que par les Ouurages que vous
auez donnez au public, i'ose publier hau-

A ij

tement que nous ne sommes pas de pareil
sentiment touchant la poudre de Sympathie , sur tout , puis que ce peu de lignes
que ie mets à present au iour , n'est que
pour seruir de deffence à ce que i'en ay
escrit autrefois. Mais ie ne fais point de
doute que plusieurs ne s'estonnent, qu'en
estant à ces termes auec vous , ie prenne
la liberté de vous dedier la refutation de
vos propres objections. Et peut-estre ne
serez vous pas exempt de la mesme sur-
prise. Cependant i'espere que ceux qui
verront les raisons qui m'y obligent, bien
loin de s'en scandaliser, sentiront naistre
en leur esprit quelque bien-veillance pour
moy. Et i'ose mesme me promettre
que vous n'improuuerez pas mon dessein.

La premiere de mes raisons, est la re-
solution que i'ay faite d'en vser tousiours
de la sorte, & de n'escrire iamais nomme-

ment contre les sentimens d'aucune personne viuante, que ie ne luy addresse à elle
mesme, ou à quelqu'vn de ses intimes
amis les pensées que i'auray contraires
aux siennes ; afin d'estre obligé par ce
moyen de demeurer dans les termes de la
ciuilité & de la modestie, qui me semble si bien seante à vne personne qui fait
profession de l'amour des sciences : & éui-
ter ainsi de tomber dans le vice des Criti-
ques de ce temps, qui n'ont point de hon-
te d'employer leurs escrits à chanter
poüille à la façon des regratieres, à qui-
conque ne sera pas de leur sentiment touchant la signification d'vn mot, ou la tran-
sposition d'vne lettre. En generallement,
le vice de la pluspart des gens d'estude,
qui ne croyent pas estre sortis de la dispu-
te à leur honneur, s'ils n'ont farcy leurs
escrits, d'iniures, d'innectiues & d'im-
precations. La derniere raison, & cel

La seconde raison est, qu'estant obligé de faire quelque seiour en cette ville,
i'aurois pris à mauuais augure, si ie n'a-
uois peu à mon arriuée m'empescher d'y
faire vn ennemy. Car me voyant d'autre
part obligé à soustenir les sentimens que
i'ay basty sur mes experiences: I'ay creu
que ie ne pouuois mieux me garantir de
l'vn & m'acquiter de l'autre, qu'en
taschant de vous faire approuuer m'a
franchise, & en vsant enuers vous comme i'ay accoustumé enuers mes plus intimes amis. Car comme ie ne tombe
pas tousiours d'accord auec eux en toutes
choses. Ie ne leur sçay iamais mauuais gré
d'auoir des sentimens differens des miens,
& ne croy pas que l'affection qu'ils ont
conceuë pour moy se doiue en rien diminuer, si ie ne souffre pas qu'ils gesnent en
aucune façon mes pensées.

La derniere raison, & celle qui a le

plus de poids en mon esprit, c'est afin de
vous asseurer du dessein que i'ay fait, si
mon offre ne vous est point desagreable,
d'estre toute ma vie,

MONSIEVR,

Vostre tres-humble &
obeïssant seruiteur,
N. P. I

A Paris ce 20.
Ianuier 1651.

ΚΑΛὸν ἐκ τοῦ διδαχθέντος ἔργα λό-
γος, πᾶν γὰρ τὸ ποιηθὲν τεχνικῶς, ἐκ
λόγου αἰνωέρθη. Ὃ δὲ ῥηθὲν τεχνικῶς, μὴ
ποιηθὲν δὲ, μεθόδου ἀτέχνου διδακτικὸν ἐγένετο.
Τὸ γὰρ οἴεσθαι μὲν, μὴ τρῆσειν δὲ, ἀμαθίης
καὶ ἀτεχνίης σημεῖον ἐστι.

Ἱπποκρ. περὶ εὐσχημοσύνης.

LA POVDRE DE SYMPATHIE,

DEFFENDVE CONTRE LES objections de Monsieur Cartier Medecin du Roy.

Par N. PAPIN. D. M.

LEs admirables experiences de la Poudre de Sympathie que i'ay veuës autrefois dans les armées & en divers autres lieux, m'obligerent il y a quelques années de mettre au iour mes sentimens touchant les causes naturelles ausquelles on peut attribuer ses effets, plus pour

satisfaire au scrupule de certaines personnes, qui craignoient en se seruans
de ce remede d'estre entachées de magie, que pour aucun autre auantage que
ie m'en promisse.

Ie ne diray point icy de quel air mon
petit ouurage a esté receu en la pluspart
des pays où il a esté veu: Il me suffit qu'il
ne s'est trouué encore personne qui ait
entrepris de le combattre ouuerte-
ment.

Cependant quelqu'vn de mes amis
m'ayant donné auis, que depuis vn mois
vn Medecin demeurant en cette ville
auoit esté de sentiment contraire au
mien, & que sans me nommer il auoit
choisi la pluspart de ce que i'allegue en
mon liure, l'auoit mis au iour en Fran-
çois & l'auoit refuté, i'ay eu la curiosi-
té de parcourir son ouurage, pour con-
siderer meurement le poids de ses raisons, & voir s'il est possible que les experiences dont ie ne croy auoir aucun
sujet de douter, manquent si fort de raisons, que ce point les face passer pour
suspectes, ou nous oblige de retomber

dans le soupçon de magie.

Mais tout ce que i'y ay rencontré m'a
semblé si foible & si peu capable d'es-
branler mes premieres pensées, que ie
puis dire qu'elles m'en ont semblé meil-
leures, & ne fais point de doute que
ceux qui sont suffisamment informez de
la verité des experiences, ne se conten-
tent des raisons qui sont deduites en
mon liure, ou de celles au moins qui
qui peuuent estre basties sur le mesme
fondement.

Et comme ie ne croy pas raisonnable
que mon sentiment soit aueuglement
receu en vne cause où mon interrest est
en quelque façon couché. Ie veux lais-
ser au public la liberté du iugement, me
contentant pour cét effet de deduire icy
les objections que Monsieur Carnier ap-
porte en son Discours, auec la responce
qu'il me semble qu'on y peut faire & les
solutions qu'on y peut apporter.

Au reste il ne faut pas attendre que ie
repete icy ennuyeusemét toutes les raisons que i'ay autrefois couchées par escrit pour maintenir la Poudre de Sym-

pathie, puis qu'elles ſe peuuent voir
dans mon premier ouurage : Et ſi ie
traite cette matiere en langage vulguai-
re, contre mon premier deſſein, c'eſt ſeu-
lement pour donner la meſme parure à
cette deffenſe de noſtre poudre, dont
on a reueſtu les objections que l'on luy
oppoſe.

L'Autheur du nouueau diſcours de la
poudre ſympathique, apres auoir deſ-
crit diuerſes ſortes d'onguens & de poudres tirées des meilleurs liures, qui ſont
propres à guerir les playes par vertu
ſympathique, & deduit aſſez briefue-
ment la façon de s'en ſeruir, fait vn abregé des raiſons ſur leſquelles on appuye
ordinairement les effets de ce remede,
leſquelles il entreprend de refuter enſui-
te, & finalement il y adiouſte quelques
objections.

Les raiſons qu'il poſe ſe peuuent reduire à trois, dont la premiere expoſe
les exemples ſympathiques qu'on voit
arriuer en la nature, tant dehors que
deſſus le corps humain, en autre occaſion
que celle des venes les quelles on nomme

proprement sympathiques, entre lef-
quels il allegue l'effet de l'aiman lors
qu'il attire le fer, & qu'il se tourne vers
le Nord, l'operation de l'Eliotrope qui
panche touſiours vers le Soleil, & du Se-
linotrope vers la Lune. Il adiouſte encore l'effet de l'agathe, à qui on donne la
vertu d'appaiſer les diuorces d'entre le
mary & la femme, & celle de la turquoi-
ſe qui change de couleur ſelon les diuerſes indiſpoſitions de celuy qui la porte,
& generallement l'operation des aſtres
par leurs influences, des eſprits qui en-
trent & qui ſortent de nos corps, & les
ſubſtances ſpirituelles d'où procedent
les effets des pierres precieuſes, ſoit en-
tr'elles, ou ſur noſtre corps. A quoy on
peut ioindre ce qu'il dit de l'impreſſion
des Aſtres, & du caractere de quelques
animaux graué ſur des anneaux, auſſi
bien que l'effet de cét anneau dont parle
Ioſephe, par la vertu duquel vn de-
mon fut chaſſé hors du corps d'vn homme.

La ſeconde contient les exemples pu-
rement ſympathiques qui arriuent ſur le

corps, soit par le moyen des onguens &
poudres de sympathie, ou en d'autres
rencontres non moins admirables, comme est l'histoire tirée de Taliacotius &
celle de Wanhelmont.

La troisiesme contient deux choses, 1.
l'vne est la deduction du milieu c. à.d. du
corps ou espace moyen, par lequel la
vertu du remede sympathique paruient
iusques à la partie malade, sçauoir est vn
esprit ou substance tenuë espanduë par
tout le monde, & qu'on peut pour cét
effet nommer esprit vniuersel, suiuant
l'hypothese des Platoniciens & des anciens Philosophes. 2. Et la secõde est vne
exposition de la façon d'agir du remede
sympathique, dont l'effet depend de
deux choses. 1. De sa nature interne
exaltée par l'influence des astres, & de
la sympathie du sang coulé de la playe
sur lequel on l'applique, auec la partie
dont il est sorty. C'est à dire à raison du
baume naturel qui est encore renfermé
dans ce sang, qui au moyen de la puissance sympathique du remede qui luy
est ioint, vient à se reünir au corps dont
il a esté tiré.

Contre la premiere de ces raisons, qui regarde les effets sympathiques qui arriuent en la nature, ie ne void point qu'il allegue aucune obiection, & quoy que cette partie soit vne des plus puissantes pour appuier les remedes sympathiques, & qui nous fournit vn valable preiugé des admirables effets de la nature au de-la de la portée de nostre esprit, il la laisse en son entier, & n'ose combatre le témoignage de tant de personnes dignes de foy. Car encore qu'il dise sur la fin de son Discours, que ces experieces ne sont pas tout à fait sans conteste, & se peuuent peut-estre rapporter à des causes differentes de celles qu'on leur attribue: Cependant il en parle plustost comme les admettant, que les improuuant. Et de plus ce n'est pas destruire des positions particulieres, sur tout lors qu'il s'agit de l'experience, que de les nier en general, sans faire voir ce qui oblige à tenir la negatiue.

Aux experiences particulieres, qui font voir sur le corps les effets de la poudre & qui descouurent hautement la

force de la sympathie, qui est le second
point qu'il propose pour refuter, il n'y
oppose que deux choses. 1. L'vne que
Hildanus & A. Paré ne demeurent pas
d'accord des effets de ce remede, & 2.
l'autre comprent quelques histoires tirées de l'vn & de l'autre Autheur, qui
montrent que ce remede ne reüssit pas
toussiours. Mais qui est celuy à qui cette
instance soit capable de faire changer
d'opinion. Car si Hildanus ne l'approu-
ue pas absolument, ie ne vois pas aussi
qu'il l'improuue, & le recit qu'il fait de
la cure alleguée, semble plustost à l'a-
uantage de l'onguent sympathique,
qu'il n'est capable d'en faire douter,
puis qu'il dit que cette honneste Da-
moiselle qu'on traita par ce remede,
d'vne playe à la mammelle, fut guerie
promptement & sans aucune douleur.
Que s'il se forma en suitte vn abcez dans
le fonds, n'en peut-on pas apporter diuerses raisons qui ne destruisent en aucune façon la vertu sympathique qui
auoit precedé. Car les mamelles estans
parties glanduleuses, spongieuses, de nature

Cent. 3.
observ.
25.

ture foible, côme Galien l'enseigne, &
par consequent tres susceptible de su-
perfluités, ne se pouuoit-il pas faire que
quelqu'humeur se fut iettée dessus, soit
qu'elle eust esté attirée à raison de la
playe, ou que telle fust pour lors la mau-
uaise dispositiou du corps, ce qui est
assez ordinaire aux femmes fraichement
accouchées, telle qu'Hildanus nous re-
presente celle-cy, à cause du reflux des
humeurs qui se fait naturellement de
la matrice aux mamelles.

Mais quand nous supposerions que
cét abscez ne fût point arriué si la blessure eût esté pensée d'vne autre methode,
que peut-on conclure de là? sinon qu'il
y auoit peut-estre eu de l'imprudence à
ceux qui se mesloient d'appliquer le remede, d'auoir trop promptement laissé
boucher les levres de la playe auant que
le fonds fust conuenablement incarné:
Qui est vne chose qui ne se doit pas
moins obseruer dans la cure Sympathique, que dans la Dogmatique, puis
qu'en cette sorte, le pus qui naturellement se doit engendrer en tout vlcere

qui s'incarne, ne trouuant plus difluë,
caufe neceffairement vn abfcez.

Et il eft bon de faire icy deux obfer-
uations touchant l'vfage de la poudre
de Sympathie. L'vne que n'ayant autre
vfage que de fortifier puiffamment la
partie, en forte qu'il ne furuiene aucuns
fafcheux accidens, & qu'elle puiffe
promptement s'acquiter de ce qui eft
de fon deuoir en telle rencontre, fça-
uoir d'engendrer de bonne chair ou elle
manque, & de trauailler à l'vnion des
parties feparées. Il ne faut pas moins
obferuer les regles ordinaires pour le
gouuernement des playes, que dans la
cure vulgaire, comme de tenir la partie
nette de toute ordure, d'empefcher que
les levres fe rejoignent auant le fonds,
fur tout où il y a perte notable de fubftance, de raprocher les vnes des autres
les parties trop efloignées, & de feparer
celles qui s'approchent contre nature, ce
qui a neceffairement befoin de l'indu-
ftrie de quelqu'vn, eftant au dela des
forces de la nature en quelque eftat
qu'on la confidere.

La seconde remarque est fondée sur la precedente, c'est que la facilité de nostre remede sympathique donnant la hardiesse à plusieurs de s'en seruir, qui n'ont aucune intelligence au maniment des playes, faute de sçauoir donner ordre aux legers inconueniens qui suruiennent par fois, ils laissent tomber les malades dans des accidens fascheux, dont la faute est attribuée au remede, quoy qu'elle ne depende que du peu d'industrie de celuy qui entreprend de l'appliquer : Et ie croy que c'est la seule cause qui a diminué en l'esprit de plusieurs l'estime qu'ils en auoient conceuë.

Quant au iugement de Paré, non plus que celuy d'Hildanus, ie ne croy pas s'il estoit entierement contraire aux experiences que nous auons de nostre remede sympathique, qu'il deust pour cela faire pancher la balance d'vn autre costé, puis qu'ils ne disent pas qu'ils en ayent fait des espreuues frequentes & particulieres pour en descouurir la verité : mais qu'ils ne raportent que quel-

ques exemples qui n'ont pas parfaitement reüſſi, & à la remarque deſquels
ils n'ont pris garde que par hazard, &
dont on peut pluſtoſt attribuer le mauuais ſuccez, comme nous diſions tan-
toſt, à l'ignorance de l'Artiſte qu'au peu
deffet du remede.

De plus, nous n'aſſeurons pas que tous
ceux qui ſe vantent d'auoir d'excellens
remedes ſympathiques, ſoient en poſ-
ſeſſion de ce qu'ils promettent: Et ſi
nous tenons qu'il ne faut point vſer
d'aucun remede Dogmatique, dont la
vertu ne ſoit approuuée, à plus forte
raiſon le deuons nous dire des remedes
Sympathiques, qui ne ſe trouuent pas
par tout.

Et au reſte, l'Eſpagnol qui entreprit
de guerir monſieur de Martigue, doit
il oſter le credit aux remedes Sympathiques, ſi ne connoiſſant pas que le
malade eſtoit bleſſé à mort, ſelon le iugement meſme de tous les medecins,
il eut la temerité d'entreprendre la
gueriſon d'vne perſonne qui en eſtoit
incapable?

Ce qui tourne en mon aduis plutost
à l'aduantage de noſtre Poudre, & generalement des remedes Sympathiques,
qu'vne perſonne qui entreprend de les
refuter de tout ſon pouuoir, ne peut alleguer à l'encontre, que quelques exemples particuliers, dont les circonſtan-
ces ne iuſtifient que trop ce qu'il s'efforce de condamner.

Et enfin, ſi noſtre Autheur demeure
d'accord auec Paré, que c'eſt la nature
qui guerit les playes, que c'eſt à elle
ſeule qu'il faut attribuer l'heureux ſuccez de ceux qui en entreprennent la
guerifon auec le ſeul charpy, ou ſec
ou moüillé, & de ceux qui n'vſent point
de tentes, & enfin qu'il ny a qu'elle à
qui on doiue attribuer la guerifon de
ceux qui ſe ſont ſeruis de la Poudre de
ſympathie : Nous demeurerõs d'accord
auec luy, puis que nous croyons ſuiuant
le ſentiment d'Hippocrate, que la nature eſt le principal agent en la gueriſon des maladies, & nous luy auoürons
volontiers deux choſes. 1. Que pluſieurs
playes ſe peuuent guerir ſans aucune

industrie, sçauoir quand elles sont petites, simples & en vn corps bien disposé : Et 2. qu'il y a parfois telle complica-
tion de mal où la Poudre de sympathie
n'est pas suffisante & a besoin de remedes internes, côme lors qu'il se rencôtre
plenitude extraordinaire, ou vne abon-
dance notable de mauuaises humeurs,
ou bien lors que l'hæmorrhagie est trop
impetueuse & procede de vaisseaux no-
tables, & de plus, où la fracture & disло-
cation sont iointes, rien ne se peut faire sans l'industrie de la main. Mais que
peut-on inferer de là, sinon que l'a-
ction de la Poudre ne se fait paroistre
que sur les parties similaires, & qu'elle
ne peut leur communiquer de nouuel-
les facultez, & que comme en certaines
choses la nature quelque robuste & parfaite qu'elle soit, a besoin absolument
du secours de dehors, & de la main in-
dustrieuse de l'ouurier : la Poudre de
sympathie n'est pas capable de la mettre aux termes de pouuoir tout faire
d'elle mesme, & de se passer de tout secours : Mais il faut distinguer vn effet de

l'autre, & conceuoir que par la Poudre
de sympathie nous n'entendons pas vn
remede capable de guerir la nature
quelque indisposition qui luy puisse
suruenir : mais qui peut seulement
les autres obstacles estans dehors, la
fortifier en telle sorte , qu'elle se sur-
montera soy-mesme de beauconp, &
produira bien à la verité les mesmes effets qu'auparauant, & d'espece du tout
semblable : mais d'vne façon incompa-
rablement plus noble, plus parfaite &
plus efficace. Elle retiendra plus estroitement le sang dans les veines, &
empeschera plus aysement l'hæmorrhagie : mais non pas qu'elle puisse boucher toute seule les grandes ouuertures
des vaisseaux. Elle cuira le sang, engen-
drera de nouuelle chair, & reünira les
parties separées d'vne façon bien plus
prompte, plus entiere & dont la difference sera facile à remarquer, si on a tant
soit peu d'experience de l'vne & l'autre
sorte de guerir les playes, auec & sans
sympathie. Mais si l'on pretend que ce
remede serue de saignée, de purgation,

B iiij

de tirebale, & satisface indifferemment
à toutes sortes de necessitez & d'indica-
tions ; ie ne doute point qu'on ne passe
pour ridicule dans l'esprit des plus iudi-
cieux.

Et c'est icy encore qu'il faut respon-
dre à deux objections de nostre Autheur, l'vne conceuë en ces mots, *qu'il
n'y a eu aucun qui ait recommãdé nostre Poudre pour les playes d'arquebusades, esquelles
il y a contusion & fracas, ce qui fait voir
que ce remede n'a aucune vertu ;* Car pour
ne point dire, que c'est mal argumenter
de faire vne proposition generalle
d'vn exemple particulier, quand nous
demeurerions d'accord que là où il se
rencontre grande contusion & fracas,
deuant que la Poudre puisse librement
agir, il faut que le Chirurgien donne
ordre à deux choses, à separer les corps
estranges, comme les esquiles d'os, les
bales & semblables, & à procurer par
quelque autre remede que sympatique, la cheûte des chairs contuses &
qui sont comme mortifiées, faut-il conclure de là qu'elle n'aye aucun effet ? &

au contraire ne voyons nous pas apres
que ces obstacles font oftez , qu'elle
agit tres puiffamment, & qu'il ny a per-
fonne qui ne foit capable de remarquer
fon effet? Que fi elle ne fuffit pas pour
tirer dehors tous les corps eftran-
ges, c'eft pour la raifon que nous difions
tantoft, qu'elle ne communique pas à
la nature des facultez d'efpece differente de celles qu'elle poffede : mais fert
feulement à les fortifier & à les reduire
en vn eftat plus parfait.

L'autre objection eft fondée fur la di-
uerfe conftitution des perfonnes blef-
fées, *laquelle, ainfi qu'il dit, empefche qu'vne*
bleffure fe puiffe guerir d'vne mefme façon
en toutes fortes de perfonnes, & chaque par-
tie bleffée eftant de differente nature, deman-
de des remedes qui luy foient appropriez, ce
que nous luy accordons volontiers, puis
qu'y ayant telle rencontre où l'indu-
ftrie du Chirurgien eft neceffairement
requife, il ne faut pas exiger de la Poudre de fympathie, qu'elle face des effets
au delà de fa nature & de la vertu que
nous luy attribuons. Et quant à la diuer-

sité des remedes qui est requise à chaque partie, selon sa nature particuliere;
c'est ce qui se rencontre merueilleuse-
ment bien en la cure sympathique, ainsi
que nous auons expliqué ailleurs, puis
que la sympathie estant tirée de la partie mesme qu'il est question de guerir,
autre est celle de la teste, autre celle de
la poitrine, autre celle des pieds, & generallement, chaque partie rencontre en
ce remede ce dont elle a precisement
besoin, c'est pourquoy il a tort de faire
passer pour vne folie, la croyance que
nous auons que la Poudre de sympathie
est capable de contribuer indifferemment à la guerison de toutes sortes de
blessures, moyennant qu'on ne neglige
pas d'y apporter l'industrie que chaque
playe peut requerir, auant que nostre
Poudre produise son effet.

Nous auons dit cy-deuant, que la troisieme raison des effets Sympathiques
consiste en la position d'vn esprit vniuersel & substance moyenne, qui serue
de vehicule & de milieu, pour transporter d'vn lieu à l'autre la vertu Sympathi-

que, & en la confideration du moyen
par lequel cét effet eft produit en l'application du remede. A la premiere po-
fition noftre Autheur n'objectant aucune chofe, nous ne luy drefferons point
de procez fans fujet : Mais il nous refte
feulement à examiner de quelle façon
il combat la production de l'effet fym-
pathique, & pour cét effet nous le fui-
urons pas à pas.

Il dit premierement que c'eft vne
maxime receuë parmy les Philofophes
que nulle action ne fe peut faire fans at-
touchement, qui fe fait ou lors que deux
corps fe touchent de pres, ou lors que
l'vn d'iceux, quoy que diftant & efloi-
gné de l'autre ne laiffe pas d'agir fur luy.
Il n'eft pas queftion de la premiere forte,
puifque nous demeurons d'accord que
l'effet Sympathique eft ordinairement
produit nonobftant vn efpace notable.

Quant à la feconde, il la diuife encore en deux claffes, dont la premiere
comprend la communication entre
deux corps efloignés qui fe fait par le
moyen des atomes ou parties, deliées

qui s'escoulant de l'vn ou l'autrre corps,
sont portés iusques à l'autre. Et en la seconde il y range la communication des
especes qu'on appelle vulgairement intentionnelles, telles que sont les sons,
les couleurs & ainsi qu'il adiouste, la lumiere & les odeurs.

Il dit donc qu'il n'y a pas d'apparence
que l'effet de nostre Poudre se puisse
rapporter à la premiere classe, puisque
s'appliquant d'ordinaire en petite quan-
tité, tous ses atomes seroient espuisez deuant que de paruenir à la partie malade,
& qu'ainsi le sujet manquant, l'effet qui
y est attaché, viendroit necessairement
à cesser. Mais qui luy a dit qu'encor
qu'il se face vne communication d'atomes, le sujet dont ils partent soit si promptement dissipé : ne sçauons nous pas
que le musc & le camphre ne touchent
nos sens que par ce moyen, & cependant quoy qu'ils s'espandent iusques à
vn espace fort considerable, ils ne laissent pas de subsister plusieurs années en
vn estat parfait & sans diminutiõ cõside-
rable, au lieu qu'il nous suffit que nostre

remede puisse durer peu de iours, ou au moins quelque semaine. Et pour ce qu'il dit que sa substance seroit espuisée si elle estoit obligée de remplir tout l'es- moyen qui se rencontre entre le reme- de & la partie malade, il a peu prendre garde à ce que nous auons dit en nostre Traité, que l'espace doit estre limité, & ne se pas imaginer qu'il n'y ait point de distance capable de diminuer son effet, Mais cependant soit que nous mainte- nions l'opinion que nous auons posée en nostre premier Discours, que cette communication Sympathique se fait au moyen de l'esprit vniuersel, ou de cette substance de nature imperceptible qui est respanduë par tout, laquelle sert cõ- me d'organe pour transporter toutes les facultez qui surpassent la portée des élemens, laquelle me semble fort admis- sible & conforme à la raison, soit que nous demeuriõs d'accord auec ceux qui estiment que toute communication en- tre les corps esloignez, mesme celle que l'on comprent sous le nom d'especes sen- sibles ou intentionnelles, ne se fait que

par le moyen d'vn escoulement d'atomes & par vne substance corporelle,
comme la doctrine de Democrite semble le prouuer manifestement, nous se-
rons contrains d'auoüer que cette instance de l'esloignement est de peu d'efficace contre l'effet de nostre Poudre.

De fait la lumiere ne passe elle pas en
l'esprit de plusieurs pour vne substance
corporelle & neanmoins celle du Soleil
se communique en vn instant d'vn bout
à l'autre du monde, sans qne son sujet
soit espuisé depuis tant de siecles.

Les influences des astres qui penetrent
iusques aux entrailles de la terre, y pro-
duisent des effets si sensibles, que plusieurs osent bien leur attribuer vne
nature corporelle, & cependant qui a
remarqué que la grosseur de ces corps
en reçoiue quelque diminution ? Les
couleurs font assez voir leur corpo-
reité, & qu'elles ne se rendent sensibles que par les atomes qu'elles en-
uoyent de toutes parts, puisque se dissi-
pant peu à peu, elles perdent premierement leur esclat, & s'esuanoüissent enfin

entierement ; Et cependant iufque à
quel efpace ne fe font elles point apper-
ceuoir, & combien de fiecles font requis
auant qu'elles reçoiuent vne alteration
confiderable?

Le mefme fe peut encore remarquer
fur l'ayman, dont la moindre portion au
delà mefme de la Ligne, va rendre hom-
mage par fes atomes, aux parties plus
efloignées du Nord, qui eft vn exemple feul capable de diminuer noftre ad-
miration en toute autre rencontre, &
qui donne vn fuffifant preiugé de toutes les actions fympathiques.

On peut encore adioufter en ce rang
l'exemple des maladies contagieufes,
dont les moindres femences non feulement fe communiquent d'vn lieu à l'autre, nonobftant la diftance affez confiderable : mais mefme s'attachant à vn
troifiefme corps, comme du linge, du
drap & femblables, fe conferue plufieurs
années fans diminution de forces. Car
pour moy ie ne comprens pas pourquoy
Monfieur Cattier reiette cét exemple,
puis qu'il prouue manifeftement, que

plusieurs substances corporelles se peuuent estendre iusques à vne distance notable sans rien diminuer de leur force.
Et pour la raison qu'il allegue, que la san-
té ne se communique pas comme la ma-
ladie, à cause que les vapeurs qui sortent
d'vn corps sain sont douces & benignes,
au lieu que celles qui procedent d'vn
corps mal disposé, sont acres & mali-
gnes, elle ne fait rien à nostre sujet, puis
que c'est assez qu'il auouë qu'il se fait
égallement communication des vnes &
des autres, car en suite pour ce qui regarde la façon d'agir, il la faut tirer de la
force sympathique, & non du cours ordinaire qui se remarque en la nature. Il
s'efforce aussi de banir l'effet de nostre
Poudre de la seconde classe, qui attri-
buë au coulement d'especes la communication des corps esloignez, & dit pour
raison qu'elles ne se pourroient pas
estendre si au loin, chaque chose ayant
ses limites, comme nous voyons l'ayman
dont l'effet d'attirer le fer, vient à
cesser à certaine distance. Mais premierement ie croy qu'il n'a pas raison d'at-

tribuer

tribuer au seul coulement d'especes
l'operation de l'ayman ſur le fer, puiſque
ce mot n'a eſté inuenté que pour l'ac-
commoder aux objets des ſens. Secon-
dement tous ceux qui ont traité cette
matiere attribuent cét effet à vn coulement notable d'atomes , qui partans
de l'ayman s'inſinuent dans les pores du
fer, ou comme veulent les autres, qui
diſſipant l'air qui eſt entre ces deux
corps, oblige le fer par la fuite du vide à
s'approcher de l'aiman. Et ce qui con-
firme ce ſentiment, c'eſt que la vertu
de l'ayman ſe diſſipe aſſez facilement.

En 3. lieu , ne deuoit-il pas pluſtoſt
rapporter l'effet de l'aiman lors qu'il ſe
tourne vers le Pole, qui ne reçoit point
de limites, que celuy d'attirer le fer, qui
n'inſinuë pas ſi parfaitement l'eſtenduë
de noſtre remede.

Et en quatrieſme lieu, puis qu'il en-
treprenoit de parler du deſcoulement
qu'on nomme eſpeces intentionnelles,
pour y accomparer l'effet de noſtre
Poudre, que n'alleguoit-il l'exemple des
couleurs qui s'eſpandent au loin & au

large sans grande diminution de leur force.

Ie sçay bien qu'il fait deux objections, l'vne touchant la lumiere qui ne peut penetrer les corps opaques, & l'autre touchant les odeurs & la fumée qui sont transportez çà & là par les vens, sans se pouuoir maintenir par l'air en vn estat stable, voulant dire par là, qu'il n'est pas croyable que la vertu de nostre Poudre ait plus de penetration que la lumiere pour franchir tous les obstacles qui se peuuent rencontrer en son chemin, & qu'estant communiquée par le moyen d'vn flux de substance, elle ne se guarantira pas mieux de l'impetuosité des vens & autres causes qui transportent çà & là l'air & les substãces qui y sont respãduës.

Mais lors qu'il est question de raisonner par exemples, il ne suffit pas d'en rapporter vn ou deux pour establir ce qu'on a dessein de poser, puis qu'vn exemple conuenable nous est vn suffisant preiugé pour la confirmation de nostre opinion, combien qu'on en peust alleguer cinq cens autres dif-

ferens. Ainsi si toutes les substances
estoient distraites en leur chemin par
la rencontre d'vn corps opaque, comme la lumiere, on pourroit inferer de là
que nostre Poudre ne peut communiquer sa vertu lors qu'elle trouue pareil obstacle, mais il y a milles autres
choses qui mesprisent ces empesche-
mens, comme sont les sons, les odeurs,
en diuerses rencontres, les influences
des astres qui penetrent iusques au
fonds de la terre, l'ayman qui agit sur le
fer au trauers de grosses pieces de bois,
& le mesme qui se tourne vers le Pole
quelque muraille qu'on luy puisse op-
poser: Tous lesquels exemples nous font
assez voir qu'il y a plusieurs substances
dans la nature qui trouuent des conduits
assez sensibles en toute sorte de corps
pour se communiquer au trauers.

Pour l'autre exemple, si la substance
des odeurs respanduë dans l'air aussi
bien que la fumée, ne se peut exempter
d'obeïr aux mouuemens des vens, il y a
neantmoins plusieurs substances qui
sont d'vne autre nature, & ainsi la lu-

miere & les couleurs font inebranlables
& penetrent l'air d'vn mouuement
droit, fans reffentir aucune agitation,
autant en peut-on dire de l'effet de l'aiman qui fe conferue entier quelque agitation qui foit dans l'air voifin. Et ainfi
tous les exemples qui ont efté alleguez
ne prouuent autre chofe qu'vne varieté
de nature qui fe rencontre entre les fub-
ftances fublunaires, & qui ne deftruit
point celle que nous reconnoiffons en
noftre Poudre, mais qui eft pluftoft capable de feruir à fa confirmation, & de
nous donner vne idée de la façon qu'elle opere.

Ie laiffe donc cette inftance pour ache-
uer de refoudre quelqu'autres objections qu'on fait contre noftre Poudre,
ou pluftoft contre les remedes Sympathiques, dont la premiere eft prife de la
matiere dont on fe fert pour cét effet,
car c'eft ce que noftre Autheur obiecte,
que de ceux qui vfent de ce remede en
forme de Poudre, les vns ne prennent
que le vitriol, & les autres fe feruent de
diuers ingrediens, comme de mouffe de

crane humain , de mumie , de vers de
terre & femblables , ce que font pareillement ceux qui preparent ce medicament en forme d'onguent , y adiou-
ftant les vns vne graiffe & les autres vne
autre , chacun le preparant diuerfement , d'où il conclud que ce remede
eft non feulement incertain , mais fans
aucune efficace.

Et cependant puifque les remedes
Sympatiques ne font autre chofe que
des matieres capables de deftacher les
parties balfamiques , & fi vous voulez la
portion de l'humide radical qui s'eft fe-
parée du corps auec le fang coulé de la
playe , pour la faire retourner en fa
fource , accompagnée auffi de certaines qualitez procedantes du remede,
propres à contribuer à la prompte guerifon de la playe. Qui trouuera eftran-
ge qu'il fe rencontre plus d'vn remede
en la nature capable de produire cét effet , lequel dependant en mon auis
d'vne efpece de fermentation que la
matiere Sympatique produit fur le fang
où elle eft appliquée , faifant par ce

moyen separation exacte des parties
heterogenes, il n'eſt pas plus difficile de
conceuoir que cette faculté ſoit attachée à diuerſes matieres, que celle de
faire leuer le pain, qui ſe remarque au vi-
naigre, en l'eſcume du vin nouueau &
en celle de la biere ; Que celle de preparer les humeurs dans le corps, & les
diſpoſer à la purgation, qui ſe remarque
peut eſtre inegalement, mais toutes-
fois d'vne façon tres conſiderable, ie ne
diray pas aux racines aperitiues, dont
l'effet me ſemble incertain : mais au tartre vitriolé, à la creme de tartre, au cry-
ſtal mineral, en l'acié preparé, au vitriol de Mars & en pluſieurs autres. Et
enfin il n'eſt pas plus difficile de s'imaginer que cette faculté Sympathique
ſoit attachée à diuerſes matieres, que
celle par exemple de purger la bile,
comme en l'aloës, la rhubarbe, la ſca-
monée, le ſuc de roſes pales, ainſi qu'on
le poſe vulgairement ; celle de vider
la pituite qu'on attribue à la colloquin-
te, aux hermodates, au turbith, au me-
choacam & ainſi des autres. C'eſt pour-

quoy personne ne doit trouuer estrange si chacun se sert diuersement de remedes differens pour la cure Sympathique, selon que l'experience luy en a
apris les facultez. Et ainsi pour mon
particulier, comme n'ayant fait espreu-
ue que du vitriol preparé, ie n'ay point
voulu faire parade des diuers remedes
qui se trouuent dans les Autheurs :
mais neantmoins ie n'ay pas pretendu
diminuer leur credit, ny les faire passer
pour du tout inutiles, puis qu'au contraire ie croy qu'il s'en peut encore rencontrer qui ne luy sont en rien infe-
rieurs; mais c'est à ceux qui en ont l'experience d'en faire part au Public. Ie
croy donc que cette objection ne fait
rien contre les remedes Sympatiques.

La seconde est prise de la preparation
du remede, & semble proprement s'at-
taquer à la Poudre de Sympathie faite
auecque le vitriol preparé au Soleil
pendant qu'il est au signe du Lyon :
car il dit, *qu'il ne sert de rien d'asseurer que
cette vertu est deriuée de l'influence Celeste
puis que cette cause est trop generalle, & n*

peut pas produire vn mesme effet en toutes
sortes de personnes, qui n'ont pas vne semblable disposition. En quoy il semble qu'il
ne fait pas distinction de l'operation du
Soleil & de son influence sur le remede
pour sa preparation, & de celle du remede desia preparé, lors qu'il agit sur le
sang coulé de la playe pour la cure Sympathique, quoy que cependant il y ait
pareille difference entre ces deux choses, qu'entre l'effet du Soleil pour la
production des plantes, & celuy des
plantes paruenuës à maturité, lors
qu'elles contribuent à la nourriture de
nostre corps. De fait comme en l'exemple des plantes, le Soleil par sa chaleur
vitale suscite premierement la vertu interne des semences & prepare la terre
voisine pour leur nourriture, faisant
par ce moyen qu'elles viennent en suite
à se gonfler, à germer, à produire vn
tronc, des racines & des branches, à
prendre leur accroissement conuenable, à produire leur fruit chacune selon
son espece: De mesme quand le Soleil
agit sur le vitriol, il le penetre iusques

aux moindres petites parties, separe ce
qu'il y a d'excrementeux, exalte la vertu dissoluente qui se rencontre en ses
premiers principes, & fait par ce moyen
qu'il est conuerty en vne espece de le-
uain (qu'il me soit permis de le qualifier
de ce nom) propre par sa vertu dissoluente & fermentatiue à dissoudre le
sang sur lequel il est appliqué, à en ex-
traire les parties heterogenes, & à produire l'effet que nous nommons Sympathique.

Ce n'est donc pas que le Soleil aye
des influences particulieres par lesquelles il agisse sur le vitriol, & qui soient
d'espece differente de celles qu'il employe à la production des plantes : mais
comme on dit que le Soleil & l'homme
engendrent vn autre homme ; à cause
que l'influence du Soleil agit selon
qu'elle est determinée par la disposition de la matiere sur laquelle elle produit son operation. Ainsi autrement agit
elle sur le vitriol quelle ne fait sur les
plantes, à raison que la diuersité de la
matiere fait aussi que son action est diuersement receuë par les vns & par les

autres. De mesme aussi c'est le mesme
Soleil qui produit l'or, l'argent, le fer,
l'estain, le cuivre & le plõb : mais de matieres differẽtes & diuersemẽt disposées.
Cette instance donc de l'vniuersalité de
l'action du Soleil n'est d'aucune consequence pour destruire ce que nous auõs
posé de son operation sur le vitriol.

Et quant à l'autre partie de l'operation Sympathique, qui regarde l'effet
du vitriol desia preparé, qui ne voit que
l'objection de nostre Autheur n'a pas
plus de force à l'encontre, qu'elle en a
pour la destruction de la premiere, qui
comprend l'action du Soleil sur le vitriol. Car lors que nostre Poudre a ac-
quis sa perfection, elle agit à la verité
d'vne façon égale en toutes les appli-
cations ; mais neantmoins son effet est
diuersifié selon la difference du sujet
dont le sang est tiré & selon la comple-
xion, non seulement de chaque per-
fonne, mais aussi de chaque partie blessée, qui est ce que nous auons posé comme vn fondement en nostre premier
escrit, & que nous auons expliqué plus
au long.

La troisiesme obiection est tirée de l'application du remede, laquelle no-stre Autheur propose en forme d'argu-ment à deux branches, qu'on nomme vulgairement Dilemme. *Si*, dit-il, *l'ap-plication de ce remede sur l'instrument qui a fait la blessure auoit la puissance de la gue-rir, il faudroit que cette vertu vint de l'instru-ment ou du medicament, que si elle venoit de l'instrument, ce seroit vne pure folie d'y ioindre l'application du remede, que si elle venoit du remede, ne deuroit on pas l'appliquer plustost sur la blessure que sur l'instrument qui a fait la playe?* En quoy certes il n'a pas obser-ué toutes les formes de l'argument, puis qu'il a oublié la principale branche composée des deux precedentes, sça-uoir que la vertu Sympathique depend de l'applicatiõ du remede sur le sãg cou-lé de la playe ou sur l'instrument qui l'a faite. Car qui ne sçait que si la force de la Sympathie dependoit simplement de l'instrument qui a blessé, ou du sang qui y est attaché, il ne seroit point be-soin de chercher aucun remede pour paruenir à nostre intention, la Sympa-

thie se produisant ainsi d'elle mesme
sans aucun agent exterieur. Mais comme nous reconnoissons que cela ne se
peut faire sans l'application du remede
qui dispose le sang, ainsi que nous auons
dit cy-deuant, à rendre aux parties du
du corps dont il est sorty la portion
d'humide radical qu'il auoit entrainée
auec soy, aussi ne doit-on pas trouuer
estrange qu'on soit astraint à la necessité de se seruir du remede & d'appliquer l'agent au patient ainsi qu'on à de
coustume de parler.

Quant à l'autre branche par laquelle il pretend si cette vertu depend du
remede, qu'il doit estre appliqué sur la
partie malade, & non sur l'instrument:
Il sçait bien que ce n'est pas vne reigle
generalle en Medecine, puis que les remedes cardiaques & hysteriques, c'est à
dire, ceux qui sont propres à fortifier le
cœur, & qui ont la vertu de repousser la
matrice en bas, se doiuent souuét appliquer au nez: Les amuletes dőt la pluspart
des Medecins sőt d'accord pour la peste,
pour l'epilepsie & semblables, se met-

tent rarement fur la partie mefme qu'on croit eftre attaquée. Le vif argent porté à la ceinture fait mourir la vermine qui fe trouue en tout le refte du corps. Et ce que nous pouuons dire de plus, c'eft que noftre cure Sympathique n'ayant rien de commun auecque la plufpart des autres effets qui fe font en la Medecine, on ne doit pas auffi s'aftraindre à tous fes axiomes. De plus qui comprendra que le remede doit premieremeut agir fur le fang qui eft forty de la playe, & l'effet qu'il y doit produire, reconnoiftra auffi facilement pourquoy cela doit eftre fait au dehors & non fur la playe mefme dont le fang eft forty, puis qu'il n'eft pas queftion de remettre dans le corps les parties groffieres, terreftres, excrementeufes & defia corrompuës du fang qui en eft forty, qui feroient pluftoft capable de luy faire tort, que de contribuer à fa guerifon: mais feulement celles qui font æthe-rées, fpiritueufes & de nature celefte, ce qui n'a point befoin d'vne application immediate. Et enfin comme nous

croyons que le vitriol communique
quelque chose de sa nature & de sa vertu pour cette guerison, qui ne sçait s'il
s'en faisoit application sur la partie mesme, qu'il seroit capable de la brusler
par sa vertu à demy caustique, & que
son excessiue adstriction iointe à la vertu
extraordinaire qu'il a de dessecher, ap-
porteroit plus d'incommodité, qu'il ne
contribuiroit à la guerison de la playe :
au lieu que ne luy enuoyant que quelques parties plus pures, plus spiritueu-
ses & plus destachées de la terrestrité,
la distance du remede fait que nous ren-
controns iustement la médiocrité qui
est necessaire pour nostre intention ; ce
qui doit seruir de response à cette troisiesme objection.

La quatriesme est prise de l'operation :
Car l'experience ayant fait voir, ainsi
que nostre Autheur auouë, que les remedes Sympathiques seruent aussi bien
à la guerison des asnes, des cheuaux, &
semblables animaux blessez, qu'aux
playes du corps humain (ce que ie prens
desia pour vn bon argument de mon

osté, puis qu'il demeure d'accord de
l'experience) Il infere de là deux choses,
ou que cette guerison prouient d'ailleurs que du remede, ou qu'il y a vne
conformité de nature entre l'homme &
les bestes. Mais pour la conformité, il
est certain que comme elle n'est pas
absoluë puisque l'homme constituë vne
espece differente, & qu'il a vne forme
beaucoup releuée au dessus de celle des
bestes, elle n'est pas aussi fort esloignée
en diuerses choses, Les Philosophes sont
d'accord que nostre corps est composé
des mesmes elemens que celuy des bestes, elles ont les mesmes facultez naturelles & vitales que nous, & à peu pres
les mesmes organes, elles sont cōposées
de mesmes parties similaires, & la li-
queur qui coule dans leurs veines, n'est
pas fort differente de celle qui se remarque dãs les nostres: Et au reste elles sont
sujettes à la pluspart de nos incommodi-
tez & reçoiuent guerison par les mesmes remedes, si vous en exceptez peut-
estre la dose, qui ne fait rien à l'essence
ce de la chose. Qui trouuera donc estran-

ge que les mesmes remedes Sympathiques qui agiſſent ſur le ſang de l'homme
facent ſemblablement paroiſtre leur efficace ſur celuy des beſtes, & qu'elles
en reçoiuent vne égale vtilité? Car
pour ce qu'il dit, que l'effet de ce remede vient de ſa conformité & de ſa ſympathie auecque les bleſſures du corps
humain, Il faut diſtinguer le remede deuant & apres l'application ſur le ſang:
Car deuãt l'application il n'a pas plus de
conformité auec le corps de l'homme
qu'auec celuy des beſtes, particuliere-
ment s'il eſt queſtion de noſtre Poudre
preparée auec le vitriol, (car ie laiſſe à
part les remedes tirés des parties meſme de l'homme, qui ſans doute ne doiuent pas auoir pareil effet ſur les beſtes) mais apres l'application ſa Sympathie auec tel ſujet ou tel autre, depend du
corps meſme dont le ſang a eſté tiré, ſoit
celuy d'vn homme ou celuy d'vne beſte,
& de tel ou tel indiuidu en particulier.
Car comme nous auons dit cy-deuant
de l'influence des aſtres & de l'operation
du Soleil icy bas, la vertu ſympathique
que

que nostre Poudre possede en general &
à la côsiderer seule, vient à estre determinée par quelque sujet particulier, auant
que de produire son operation, & ainsi
son obiection est nulle.

La cinquiesme & derniere, tirée de
la façon qu'on a accoustumé de conser-
uer le remede appliqué sur le sang pendant que la playe est encore ouuerte,
consiste en deux points, dont le premier combat le soin auec lequel on le
serre & enuelope, *quoy qu'il semble,*
dit-il, *qu'on le deust plustost exposer à l'air,*
afin qu'estant ainsi en liberté il paruint plus
facilement à la partie malade. Et l'autre improuue la temperature moderée du lieu
auquel on le conserue

Mais quant au premier, Il est assez
aisé de iuger par ce que nous auons dit
cy-deuant, qu'il n'est question en l'application de ce remede, que de rendre
à la partie blessée certaines portions de
substance de nature celeste, ætherée &
subtile qui sont renfermées dans le sang
qui est sorty dehors, & lesquelles pou-
uant aysément passer au trauers des po-

res plus imperceptibles de quelque
corps que ce soit, n'ont point besoin
d'estre exposées à vn air descouuert,
qui quand il n'auroit point d'autre mauuais effet, se roit capable de dissiper trop
promptement toute l'humidité conte-
nuë dans le sang & la transporteroit çà
& là auant que la Poudre y eust peu produire son operation, & ainsi rendroit
nostre remede inutile, ou au moins de
tres peu d'effet : Ce que l'on peut dire
pareillement du chaud & du froid exces-
sif, qui est le second point de l'obiection,
dont le premier peut dissiper trop promptement toute l'humidité du sang, & le
froid au contraire empescher par la
puissance qu'il a de reserrer, que la Poudre ne puisse suffisamment fermenter le
sang, & ainsi l'vn & l'autre rendroient sa
vertu sans effet.

Et de plus, puisque nous reconnoissons
la merueilleuse correspondance qui est
entre la partie blessée & le sang couuert
de nostre Poudre, en sorte que les prin-
cipales qualitez de l'vn paruiennent à
l'autre, n'est-ce pas bien fait de ne point

souffrir que le sang ainsi disposé soit exposé à aucunes qualitez excessiues de l'air, dont nous ne voulions aussi que la partie malade se ressente ? & ceux qui ont l'experience de ce remede, ne font point de doute que cela ne soit de tres grande consequence pour conduire la blessure en meilleur estat, ou la faire tomber en pis.

Car pour ce qu'il objecte que souuent l'instrument dont a esté faite la blessure qui est couuert de sang, & le sang mesme qui est coulé de la playe sont exposez aux iniures de l'air : La responce en est facile, puis que n'y ayant point eu de Poudre dessus, ils ne peuuent pas produire pareil effet que le sang qu'on employe pour ce sujet: Ce qui fait que plusieurs respandent de la Poudre sur tous les linges qu'ils tirent de la playe, & generalement sur tout le sang qu'ils peuuent recouurer, afin que l'effet Sympathique en soit plus parfait. Les autres croyent qu'apres la premiere application il suffit de serrer les autres linges proche de celui où est la Poudre, pource

qu'ainſi les eſprits qui ſortent de l'vn
ſe portans dans les autres y produiſent
vn pareil effet. Et c'eſt le ſentiment que
i'ay ſouſtenu dans mon Traité , fondé
ſur diuerſes raiſons, dont l'vne eſt pour
eſpargner la Poudre, de laquelle on eſ-
puiſeroit autrement vne grande quanti-
té en chaque playe , & l'autre eſt fondée ſur l'exemple des choſes qui ſe fer-
mentent , dont la ſeule odeur, c'eſt à dire les eſprits qui s'en eſleuent , ſont capables de produire le meſme effet ſur
les ſubſtances de pareille nature qui leur
ſont voiſines: Ainſi le vin viel ſe trouble
& vient à bouillonner au temps de la van-
dange quand il eſt aupres du vin nouueau, le vin s'aigrit eſtant aupres du vi-
naigre , & generallement tout ce qui ſe
fermente ou qui ſe pourrit en fait le
ſemblable : Car pour n'en pas dire dauantage des liqueurs où cet effet n'eſt
que trop ſenſible, les chairs des animaux lors qu'elles ſe corrompent atten-
driſſent premierement & font gaſter,
enfin celles qui leur ſont voiſines ; ce qui
ſe remarque pareillement au froment &

autre bled empiré ou eschauffé, qui cō-
munique le mesme vice à celuy qui sera
enfermé dans vn mesme lieu quoy qu'à
vn espace assez notable, & l'exemple
des fruits à cét égard est si vulgaire, qu'il
n'est pas besoin de le rapporter.

Peut-estre que cét exemple des choses
qui se corrompent, que nous alleguōs
pour faire conceuoir l'effet de nostre Poudre sur les linges voisins abbru-
uez de sang & de matiere purulente,
semblera suspect à plusieurs, comme si
nous prouuions par là, que son operation ne tend qu'à faire pourrir & cor-
rompre les choses sur lesquelles elle agit.
Mais ceux qui auront plus de connois-
sance de la nature de la Fermentation
dont nous faisons dependre sa vertu, n'y
trouueront aucune difficulté, sçachans
que ce mesme mouuement interne des
substances, fondé sur leur sympathie ou
antipathie est à la verité le principal
moyen dont la nature se sert pour la destruction & la corruption de tous les
corps mixtes : mais aussi celuy qui luy
sert d'instrument admirable pour la pro-

duction , pour la viuification & pour
l'entretien de tous ses ouurages. Mais
cette matiere qui doit passer pour le
supplement des liures d'Aristote de la
Generation & Corruption, merite bien
vn trauail à part pour la reseruer à vne
autre fois. Et il est temps de finir cet ouurage, puisque i'ay satisfait selon mon
dessein à toutes les objections propo-
sées contre nostre Poudre.
Cependant puisque mon cher Du Prat,
quoy qu'il s'interesse fort peu aux
effets de nostre Poudre, est d'auis que
pour satisfaire dauantage le Lecteur &
luy faire mieux conceuoir les matieres
dont il s'agit, i'adiouste vn abregé de
tous les sentimens qui sont contenus
dans mon premier Liure; Ie le feray d'autant plus volótiers, que Mõsieur Gattier
se plaint en son Discours de l'obscu-
rité des raisons de ceux qui ont escrit
des operations Sympathiques.
Tout ce que i'en ay dit se peut rapporter à quatre chefs, dont le premier
enseigne quelle est la matiere de la Poudre, & la façon de la preparer. Sçauoir le

Vitriol Romain conuenablement puri-
fié, lequel on fait calciner en blancheur
aux rayons du Soleil pendant les cha-
leurs de la Canicule.

Le second expose la maniere de s'en
seruir, qui est de receuoir sur vn linge le
sang qui sort de la playe, & de verser dessus auant qu'il soit seché quelque portion de la Poudre, puis le garder en vn
lieu temperé, non trop esloigné du malade, & auoir soin de tenir la playe nette.

Le troisieme contient les merueil-
leux effets de ce remede, tirez tant des
experiences de plusieurs personnes dignes de foy, que des miennes propres.

Et le quatriesme comprend le raison-
nement touchant sa façon d'agir, qui se
peut diuiser en deux parties, dont la premiere gist en l'exposition d'autres exemples & operations Sympathiques qui se
remarquent en la nature, qui peuuent
seruir de preiugé pour confirmer celle
de nostre Poudre. Et l'autre contient
les raisons qui regardent particuliere-
ment nostre remede.

D iiij

Ie n'examineray point icy toutes les
autres matieres, puis qu'elles ne reçoiuent aucune difficulté, & qu'on ne les
peut accuser d'estre obscurement deduites en mon Traité. Mais pour ce
dernier point, voicy de quelle façon ie
l'explique.

Premierement ayant supposé selon le
sentiment ordinaire, qu'il ne se fait point
d'action entre deux corps esloignez, sinon au moyen de la communication de
l'vn à l'autre ou par vn flux & coulement d'atomes, ou par l'impression vir-
tuelle des qualitez de l'vn ou de l'autre
sur vn troisieme corps qui se trouue entre deux, & qui tient lieu de moyen &
de vehicule : Ie soustiens que nostre
Poudre produit son effet en ces deux fa-
çons, c'est à dire qu'il se porte certains
atomes du lieu du remede iusques à la
playe, & que de plus il se fait vne impression des vertus du remede sur vne
substance moyenne, qui se communique
pareillement à la partie blessée.

Ie pose en second lieu pour vn fondement certain l'axiome d'Hippocrate,

que c'est la Nature qui guerit les maladies : où par ce mot de Nature i'entens
l'humide radical, qui est vne substance
celeste espanduë par toutes les parties
du corps, qui sert d'organe immediat à
l'ame pour l'execution de toutes ses
operations : mais sur tout de celles qui
dependent de la faculté naturelle, à
laquelle appartient non seulement de
nourrir les parties du corps & de les en-
tretenir en vn estat parfait : mais aussi de
les y restablir lors qu'elles en sont des-
chuës ; & ainsi de rengendrer la chair
quand elle est perduë & de reünir les
parties separées contre nature, comme aux playes & aux vlceres.

En troisiesme lieu, ie tiens que cét
humide radical est à la verité d'vne mesme nature en tout le corps à le conside-
rer en general, c'est à dire que c'est vne
substance tellement releuée au dessus
des élemens, qu'elle peut à bon droit
passer pour vn cinquiesme corps, &
qu'elle merite auec raison selon le sentiment d'Aristote, d'estre comparée à
la substance lumineuse des astres. Mais

neantmoins ie croy qu'Il y a vne telle difference entre les proprietez de cette
substance celeste selon la nature des
parties de nostre corps où elle se trouue,
qu'autre est celle de la teste, autre celle
du cœur, autre celle de l'estomach, autre celle du foye & ainsi des autres. Ce
qui se peut prouuer par deux choses,
sçauoir la diuersité des operations ausquelles chaque partie est destinée, qui
ont sans doute besoin d'organes differens: Et la Sympathie diuerse de chaque
partie auec certains remedes, comme
tous les Medecins en demourent d'accord : Ainsi tel medicament est Cordial
qui n'est pas Cephalique, & tel peut fortifier le foye, qui ne peut rien ny sur
l'estomach, ny sur la matrice.

Ie dis en quatriesme lieu, que plus
chaque partie possede de cet humide
radical, & plus elle est capable de trauailler promptement à la guerison des
maladies qui l'attaquent, & par consequent à la reünion des playes.

En cinquiesme lieu, qu'il se perd de
cette substance lors qu'vne partie est

blessée, d'autant qu'il ne se peut faire de playe ou d'vlcere sans quelque perte de la substance du corps, auec laquelle cér humide radical estant estroitemét ioint, la moindre partie venant à estre separée du reste, l'humide radical qui y est attaché en est pareillement esloigné. Outre que les substances que les Latins appellent conformement au sentiment des Medecins Arabes, *Ros, Gluten, Cambium*, qui sont des acheminemens prochains de la conuersion de l'aliment en nostre propre substance, & qui en font desia partie en quelque degré, venans à s'escouler de la playe auec le sang, elles n'entrainent pas auec elles vne portion peu considerable de certe substance humide & radicale.

La sixiesme position gist en ce que nous croyons que cér humide radical ainsi separé du corps ne s'euanoüit pas en l'air, mais demeure attaché auec le sang ou autre substance auec laquelle il est sorty du corps, & y demeure tant qu'il se face vne entiere corruption de la matiere qui la tien rattachée.

Par la septiesme nous posons que cette substance peut estre destachée de la
matiere qui la retenoit, au moyen de
l'operation de nostre Poudre, qui fermente toute la masse, & fait vne separation conuenable des parties heterogenes.

Et finalement la huictiesme tend à faire voir que cet humide radical ainsi separé du sang & des autres matieres qui
la retenoient, se porte immediatement
& auec necessité au lieu dont il estoit
sorty, & à la mesme partie dont il auoit
esté destaché, côme estant son veritable
centre, & que lors qu'il est rejoint auec
l'autre, la partie en reçoit vne merueilleuse restauration & trauaille plus puis-
samment & auec plus de facilité & de
promptitude à la reparation de la substance perduë, & à la reünion des parties separées.

De fait, si nous croyons que les remedes specifiques, c'est à dire qui sont ap-
propriés d'vne façon imperceptible à
chaque partie, ont vne si notable puissance de les fortifier & de leur faire resi-

ſter à toutes ſortes d'iniures, tant internes qu'externes qui les attaquent d'vne
façon occulte, & qu'ils ne poſſedent cette vertu que par la force de la reſſemblance, & à raiſon de la ſympathie qui
eſt entre tels remedes & telles parties:
A combien plus forte raiſon deuons
nous eſperer vn plus diuin effet de ce re-
tour de l'humide radical en la partie dõt
il eſtoit ſorty; puiſque la ſimilitude & la
ſympathie en eſt toute euidente.

Et ce qui nous oblige à croire que cette ſubſtance celeſte s'en retourne ainſi
au lieu dont elle eſtoit partie, c'eſt la
poſition generale des plus illuſtres Scru-
tateurs de Nature: Que la principale
cauſe qui fait que les corps s'entre-re-
cherchét eſt la ſimilitude de ſubſtãce ou
reſſemblance de nature: D'où vient que
Bacon eſtime en ſon Hiſtoire naturelle,
que l'or rechercheroit l'or auec pareille
neceſſité, & de meſme ſorte que le fer
fait l'ayman, que l'argent ſe porteroit
vers l'argent, le plomb vers le plomb, &
ainſi de toutes autres choſes, s'ils n'en

estoient empeschez par leur pesanteur.
Ce qui estant, il est aisé de comprendre
comment cette portion de l'humide radical destachée de nostre corps estant
assujettie à la mesme loy, s'en retourne
directement au lieu dont elle estoit partie, n'ayant point d'autre centre où elle
soit attirée. Car pour la similitude de
substance qui est le fondement du tran-
sport & de l'operation sur le corps, elle
est si grande entre cette portion de l'humide radical, & celle qui reste en la partie du corps dont elle est sortie, que l'on
luy peut facilement appliquer ce dire
vulgaire : *Nemo nemini similior quàm sibi.*
Rien ne resemble tant à aucune chose
qu'à soy-mesme : Car c'est comme la
mesme substance qui se trouue en ces
deux diuers lieux, & qui ne demandant
qu'à estre reünie ; celle qui est dans le
corps ne se peut pas porter vers l'autre
à raison de la pesanteur de la matiere où
elle est estroitement attachée : Et celle
qui en est sortie est pareillement empes-
chée d'y retourner par la mesme raison,
tant que nostre Poudre luy ayant osté

cét obstacle, il ne luy manque plus rien
pour suiure les loix de Sympathie. Car
d'vn costé elle n'est plus retenuë par le
poids, n'en ayant point de soy-mesme
capable de l'entrainer en bas, puis qu'elle est de nature celeste : Et de l'autre,
quoy que nous la facions passer pour
celeste, il ne faut point craindre qu'elle s'enuole vers le Ciel, puis qu'elle a
vn centre qui luy est plus naturel, pendant que l'homme dont elle a esté tirée est encore en vie. Et de plus nous
l'appellons celeste, plus par ressemblan-
ce de qualitez, & à cause de son excel-
lence, qu'à raison de son origine, la
nature l'ayant destinée des le commen-
cement du monde à seruir icy bas à
l'entretien des animaux.

Et comme la separation de cette substance d'auec le sang où elle est attachée ne se fait pas tout d'vn coup, &
que cependant elle communique sa vertu à la partie malade dés le moment
qu'il se fait application de la Poudre
dessus. De la vient que nous auons rap-
pellé en memoire le sentiment de l'es-

prit vniuerfel pofé par les Anciens, & con-
firmé par la plufpart des Modernes: Qui eft
vne fubftance extremement defliée & fubtile,
comme nous auons defia dit cy-deuant, laquelle
eftant efpanduë par tout & de nature celefte, eft
propre à receuoir les impreffions de mefme efpece, & les porter diuerfement de cofté & d'autre felon l'inclination de chacune. Car ainfi les
qualitez de l'humide radical qui font releuées
par deffus les Elemens, ne fe pourroient pas facilement communiquer d'vn lieu à l'autre fans
l'entremife d'vn tel milieu, & d'vne fubftance
moyenne, qui eftant de pareille nature receuft
facilement fes impreffions ; Defquelles l'air,
qui rend pareil office à l'egard des qualitez ele-
mentaires, eft du tout incapable en cette rencontre à raifon de fa nature trop groffiere &
trop efloignée de celle de la fubftance dont il
s'agit : Mais ie fuis defia plus long que ie ne
m'eftois propofé ; & il n'eft pas befoin d'en dire dauantage en ayant parlé plus amplement
ailleurs.

F I N.

PAg. 14. l. 6. lifez rencontre. p. 21. l. 4. lifez l'efpace
p. 23. l. 22. conferuent. p. 30. l. 16. autres. p. 37. l. 9.
l'aftraindre, p. 39. l. 1. cofté. 16. l. 22. incommodité.